BEI GRIN MACHT SICH IHR WISSEN BEZAHLT

- Wir veröffentlichen Ihre Hausarbeit, Bachelor- und Masterarbeit

- Ihr eigenes eBook und Buch - weltweit in allen wichtigen Shops

- Verdienen Sie an jedem Verkauf

Jetzt bei www.GRIN.com hochladen und kostenlos publizieren

Constanze Hahn

Kommunikationsstile und Wertequadrate

Kommunikation - Miteinander Reden

GRIN Verlag

Bibliografische Information der Deutschen Nationalbibliothek:

Die Deutsche Bibliothek verzeichnet diese Publikation in der Deutschen National-bibliografie; detaillierte bibliografische Daten sind im Internet über http://dnb.d-nb.de/ abrufbar.

Impressum:

Copyright © 2000 GRIN Verlag, Open Publishing GmbH
Druck und Bindung: Books on Demand GmbH, Norderstedt Germany
ISBN: 978-3-640-80773-4

Dieses Buch bei GRIN:

http://www.grin.com/de/e-book/165165/kommunikationsstile-und-wertequadrate

GRIN - Your knowledge has value

Der GRIN Verlag publiziert seit 1998 wissenschaftliche Arbeiten von Studenten, Hochschullehrern und anderen Akademikern als eBook und gedrucktes Buch. Die Verlagswebsite www.grin.com ist die ideale Plattform zur Veröffentlichung von Hausarbeiten, Abschlussarbeiten, wissenschaftlichen Aufsätzen, Dissertationen und Fachbüchern.

Besuchen Sie uns im Internet:

http://www.grin.com/

http://www.facebook.com/grincom

http://www.twitter.com/grin_com

Ausarbeitung zum Referat

Thema:

Kommunikationsstile und Wertequadrate

Seminar: Interpersonale Kommunikation   Referentin: Hahn, Constanze
Ort/Datum: Potsdam, d. 21. 03. 2000

Inhalt

I. Einleitung

Während die Fähigkeit zur angemessenen Kommunikation einst als von der Natur gegebenes Talent galt, das entweder vorhanden war oder nicht, wissen wir heute, dass Training kommunikativer Kompetenz nicht nur weitgehend möglich, sondern gerade angesichts der im raschen Wandel begriffenen Rollenbilder sowohl im gesellschaftlichen als auch im privaten Bereich (z.B. Emanzipation) unerlässlich ist. Die Aufgabe der Kommunikationspsychologie wurde über das Erklären, wie es zum Beispiel zu Störungen kommen kann, hinausgehend um einige Komponenten erweitert, wie das Gestalten von Lösungsansätzen, Ich-Botschaften, aktives Zuhören, Trennen von Sach- und Beziehungsebene, Metakommunikation, Feetback, Selbstoffenbarung usw. Dabei lässt sich das ideale Kommunikationsverhalten bzw. eine adäquate Kommunikation erst aus den Besonderheiten oder dem Charakter der gesamten Situation erschließen. Diese ist sowohl von den äusseren Umständen als auch von dem jeweiligen Gesprächspartner individuell und setzt immer wieder eine gewisse Flexibilität und sensibles Einfühlungsvermögen voraus.

In seinem 1989 erschienenen Buch "Miteinander Reden 2" bedient sich Friedmann Schulz von Thun drei gedanklicher Werkzeuge, mit deren Hilfe er acht Kommunikationsstile unterscheidet und sie, von verschiedenen Seiten aus betrachtend, in einer einmaligen Gesamtheit praxisrelevant darstellt. Das erste Werkzeug kommunikationspsychologischen Denkens und Arbeitens ist das Quadrat der Nachricht (Schulz von Thun 1981), welches einer Äusserung des Senders vier Aspekte oder Inhalte entnimmt, den Sachinhalt (Informationen, über mitzuteilende Dinge und Vorgänge in der Welt), die Selbstkundgabe (Sender teilt mehr oder weniger bewusst etwas über sich selbst mit), den Beziehungshinweis (Sender definiert das Verhältnis zwischen ihm und dem Empfänger) und den Appell (Versuch, der Einflussnahme in eine bestimmte Richtung). Der Empfänger der Nachricht wiederum besitzt vier entsprechende "Ohren", mit denen er die verschiedenen Aspekte wahrnimmt, interpretiert, also von der Äusserung auf die nicht sichtbare "Innerung" des Senders schliesst, und gemäss seiner Empfindung reagiert. Mit Hilfe des Teufelskreis - Schemas (Thomann und Schulz von Thun, 1988) lassen sich Kommunikationsschwierigkeiten in der zwischenmenschlichen Interaktion und In Beziehungsdynamik aus dem Blickwinkel der systemischen Psychologie darstellen. Dabei werden offene und verdeckte Kreisläufe unterschieden.

II. Das Werte- und Entwicklungsquadrat

Obwohl das Wertequadrat als solches von Helwig (1967) stammt, geht seine allgemeine Struktur in ähnlicher Form bereits auf Aristoteles zurück. Schulz von Thun versteht es als Entwicklungsquadrat, um es für die Vorgänge der zwischenmenschlichen Kommunikation und Persönlichkeitsbildung zu nutzen. Dieses dritte gedankliche Werkzeug vertritt die Auffassung, "dass Persönlichkeitswerte und kommunikative Tugenden dialektisch strukturiert sind, das heisst in ausgehaltener Spannung zu einem (genau zu bestimmenden) positiven Gegen - Wert sein müssen, ohne den sie zu einem Unwert verkommen würden" (Schulz von Thun, 1989. S. 17). Ebenfalls lässt sich das Wertequadrat zur Vergegenwärtigung von Charakterschwächen anwenden, denn zum Beispiel müssen die Fähigkeiten, seinen Gegenüber sowohl zu akzeptieren als auch ihn bisweilen zu konfrontieren in einer gesunden Balance zueinander ausgeprägt sein. Konfliktscheue Harmonisierung gefährdet eine Beziehung ebenso wie fortwährender Streit.

A.) Die allgemeine Struktur

Jeder Wert also, jede Tugend, jedes Leitprinzip oder Persönlichkeitsmerkmal gelangt dann zu einer konstruktiven Wirkung, wenn sich in ausgehaltener Spannung zu seinem positiven Gegenwert, seiner Schwesterntugend befindend. Ohne eine dynamische Balance verkommt ein Wert zu seiner "Entartungsform" (Helwig; zitiert in Schulz von Thun, S. 38) oder entwertenden Übertreibung. All diese werthaften Begriffe ordnen sich zu einer Vierheit von Werten bzw. Unwerten. Vier Arten von Beziehungen charakterisieren das Verhältnis der Begriffe untereinander.

Die obere Linie zwischen Position 1 und 2 beschreibt das positive Spannungsfeld, einen dialektischen Gegensatz zum Beispiel zwischen Sparsamkeit und Grosszügigkeit. Die Diagonalen stellen den konträren Gegensatz zwischen Wert und Unwert dar, zum Beispiel zwischen Sparsamkeit und Verschwendung sowie Grosszügigkeit und Geiz. Zur entwertenden Übertreibung führen die senkrechten Linien; nämlich Sparsamkeit kann in Geiz und Grosszügigkeit in Verschwendung ausarten. Die untere Verbindung zeigt eine Fehlleistung aufgrund von Überkompensation des zu vermeidenden Unwertes durch den gegenteiligen Unwert, wenn nicht genügend Kraft aufgewendet wird, um sich in die geforderte Spannung der oberen Pluswerte hinaufzuarbeiten. Dann kann Geiz in Verschwendung oder Verschwendung in Geiz "überspringen".

B.) Vorteile des Wertequadrates

Die Konstruktion eines Wertequadrates hilft zu erkennen, dass in einem Fehler nicht etwas Schlechtes oder gar Manifestiertes sein muss. Vielmehr kann ein positiver Kern entdeckt werden, allein dessen Überdosierung als problematisch erscheint. Infolgedessen verläuft die Entwicklungsrichtung von 3 nach 2 unter Beibehaltung von 1. Weiterhin liegt die Überzeugung zugrunde, dass jeder Mensch mit einer erkennbaren Eigenschaft immer auch über einen Gegenpol verfügt, der zu entwickeln ist. Im Idealfall besteht eine dynamische Balance, also die innere Möglichkeit, dass beide Haltungen zur Verfügung stehen. Jedoch ist der Mensch normalerweise einer Möglichkeit mehr zugeneigt als der anderen.

C.) Anwendung des Entwicklungsquadrates

Das Entwicklungsquadrat ermöglicht, die Entwicklungsrichtungen, eines Menschen oder einer Gruppe zu bestimmen. Dabei überkreuzen sich bei verschiedenen Menschen die Entwicklungsrichtungen. Während der eine zu geizig ist, gibt der andere unbedacht zu viel Geld aus.

Das Modell kann auf drei Bereiche seine Anwendung finden. Erstens lässt sich die eigene Entwicklungsrichtung individuell bestimmen. Zweitens können Mängel und Schwächen als des Guten zuviel integriert werden, was deren Erweiterung eben durch eine Konzentration auf den entsprechenden Gegenwert als eine radikale Ausmerzung zur Folge hat. Drittens bietet das Entwicklungsquadrat eine gute Möglichkeit, Polarisierungen in Diskussionen zu durchschauen. Häufig entstehen Debatten, bei welchen sich eine Gruppe einem Wert verpflichtet fühlt, hingegen die positive Schwesterntugend (ungerechtfertigterweise) als Entartung angreift. Dabei neigt sie oftmals dazu, sich selbst als Wertverkörperung zu sehen, während der Konfliktgegner die (vermeintliche) Fehlleistung verkörpert. In einer Konfrontation werden nur allzu schnell Sach- und Beziehungsebenen durcheinandergebracht. Eine umsichtige Intervention rehabilitiert beide Parteien ohne eine zu verurteilen. Schulz von Thun empfiehlt eine derartige Integration, die gerade in der Politik potentiell sehr wertvoll ist, erst nach einer Konfrontation in Form einer intensiven Auseinandersetzung, nicht jedoch zu ihrer Vermeidung.

,ommunikationsstile

Schulz von Thun stellt in didaktischer Reinkultur acht Kommunikationsstile zwischen Persönlichkeits- und Beziehungsdynamik dar, von denen in dieser Stelle vier - der selbst-losen Stil, der aggressiv - entwertenden, der sich distanzierenden und der mitteilungsfreudig - dramatisierende Stil - vorgestellt sind, indem auf das jeweilige Erscheinungsbild, auf die Kommunikation (Nachrichten - Quadrat) und auf die Richtungen der Persönlichkeitsentwicklung eingegangen wird. Dabei bilden auf den jeweiligen Stil passende Entwicklungsquadrate einen Art Leitfaden oder ein universales Werkzeug zur Veranschaulichung und praktischen Anwendung des Wissens.

D.) Der selbst-lose Stil

1. Erscheinungsbild: Das Grundmuster des selbstlosen Stils besteht darin, für andere da zu sein, Wünsche und Nöte zu erspüren und sich in ihren Dienst zu stellen. Die Tendenz zur Unterwürfigkeit des Selbstlosen resultiert aus dem Gefühl der Schwäche, einer tiefen Überzeugung der eigenen Bedeutungs- und Wertlosigkeit, welche allein durch die Aufopferung für andere kompensiert werden kann. Sein seelisches Axiom lautet: "Ich selbst bin unwichtig - nur im Einsatz für dich und für andere kann ich zu etwas nütze sein.". Indem er sich durch den anderen definiert, drückt er sein fehlendes Selbstgefühl und seine Angst, ein eigenständiges und abgegrenztes Individuum zu werden, aus.

2. Kommunikation: Schulz von Thun versteht den selbstlosen Kommunikationsstil auch vor dem Hintergrund, dass sich die Mentalität der meisten Frauen früherer Generationen oder auch Angehörigen der sozialen Unterschicht, die im dienstbaren Einsatz für die anderen wenigstens etwas Anerkennung erhielten oder überhaupt erst wahrgenommen wurden, noch heute fortsetzt. Der Selbstlose würdigt die starken und guten Seiten anderer, übersieht und entschuldigt hingegen seine schwachen und fehlerhaften Seiten. "Massgeblich bist DU", lautet die Beziehungsbotschaft. Von sich selbst sagt er: "Ich bin unwichtig. Ich bin nichts", wodurch er sich klein macht und entwertet. Er vermeidet es, sich mit seinen Sorgen und Problemen zu offenbaren, um nicht in den Mittelpunkt der Aufmerksamkeit zu geraten und jemanden zu belasten. Die unangenehmen Anteile seiner eigenen Innenwelt, die den Partner enttäuschen könnten, unterlässt er. Da er es allen anderen recht zu machen

versucht, lautet auch sein Grundappell: "Sag', wie du mich haben willst." Mit seinem grossen Appellohr macht er sich zum Automaten, stets bemüht, auch die feinsten Nuancen vom Appell des anderen zu empfangen und darauf zu reagieren. Seine Meinung hält er gerade auch in der Gruppe sehr zurück und strebt die vollkommene Harmonie an. Anstatt zu sagen "Das finde ich falsch", stammelt er folgendes zum Beispiel: "Irgendwie find ich das manchmal so'n bisschen auch übertrieben, so etwas - ich mein, nicht, dass ich direkt etwas dagegen hätte, nicht?" Nicht selten aber erzielt er durch sein altruistisches Verhalten bei seinen Mitmenschen die Wirkung, dass sie sich ihm mehr oder weniger bewusst verpflichtet fühlen.

3. Richtungen der Persönlichkeitsentwicklung: Was in extremer Übersteigerung pathologisch anmutet, kann unter bestimmten Umständen durchaus sogar im Sinne der Humanität positiv sein, denn natürlich hat das eigene Dasein nicht nur einen Zweck in sich selbst, sondern verwirklicht sich auch im Einsatz für die Mitmenschen.

Zum Beispiel stellen Selbstbehauptung und Hingabe zwei notwendige Pole menschlichen Verhaltens dar, die sich gegenseitig bedingen, dennoch aber nicht ausschliessen. Nur wer seine Gefühle und Emotionen wahrzunehmen und auszudrücken vermag, kann sich auch hingeben. Gerät der dialektische Zusammenhang von Selbstbeachtung und Hingabe aus dem Blickfeld, kann die persönliche Entwicklung im Ego – Trip steckenbleiben. Aus psychologischer Sicht beruht ein Mangel an mitmenschlicher Hingabefähigkeit auf zu niedrigem Selbstwertgefühl, was auch aus dem folgenden Zitat der Bibel „Liebe Deinen Nächsten wie Dich selbst." hervorgeht. Du bist nur in dem Masse liebenswürdig, wie du dich selbst liebst. Entsteht Hingabebereitschaft nicht aus dem eigenen Wertebewusstsein heraus, kann und konnte diese in der Politik schädlich missbraucht werden. Massenhafte Vernichtungen wurden zum Beispiel in Deutschland von einer gefährlichen Masse harmloser, einzelner Menschen begangen in selbstvergessener Hingabe an eine Idee und an einen Repräsentanten des Volkes. Selbstbehauptung und Rücksichtnahme bilden einen weiteren dialektischen Zusammenhang. Der Selbstlose muss lernen, sein eigenes Denken und Fühlen zuzulassen, um aus seiner verschüchterten Selbstverleugnung auszubrechen, indem er „Ich" und „Nein" sagt, zum Beispiel „Ich möchte nicht" oder „Ich verlange" usw. Selbstbehauptung und Kampfgeist schliessen die Fähigkeit zur Konfrontation und zur Aggression mit ein. Ganz nach dem Motto „Streiten verbindet" wird der Selbstlose zur Kritikfähigkeit gegenüber dem anderen angehalten, indem er ab und zu Du – Botschaften sendet, um so die Balance zwischen akzeptierender Liebe und dem konfrontierenden Sich versöhnen aufbaut ohne in „harmonisierender Friedhöflichkeit" (Schulz von Thun, S. 113) steckenzubleiben.

E.) Der aggressiv – entwertende Stil

1.) Erscheinungsbild: Während der selbst-lose Stil durch seine Unterwürfigkeit von „unten herauf" handelt, agiert der aggressiv – entwertende Stil gegenteilig „von oben herab". Er entdeckt in dem anderen das Fehlerhafte, Erbärmliche und Schändliche und kommuniziert dementsprechend in einer herabsetzenden und entwertenden Weise. Dieses Gegensätzlich jedoch ist in den Wesensmerkmalen des autoritären Charakters, der nach oben hin buckelt und nach unten hin tritt, enthalten. Um sich von seinen eigenen Unzulänglichkeiten zu distanzieren, vermittelt er anderen das Gefühl der Wertlosigkeit

2. Kommunikation: Seine Selbstdarstellung demonstriert Stärke und Unverletzlichkeit: „Mir kann keiner was." Herabsetzend und anklagend lautet die Beziehungsbotschaft: „Du bist schuld, erbärmlich und dumm.", verbunden mit dem Appell: „Gib klein bei. Erkenne dich schuldig." Gleichzeitig wittert sein Beziehungsohr den Widersacher, der laut Schulz von Thun seinen weichen Kern, sein verletzliches Innere aufdecken könnte, das vielleicht folgendes äussern würde: „Ich bin nicht in Ordnung, mache erbärmlich alles falsch. Wehe, jemand merkt es. Dann werde ich untergebuttert und gnadenlos verachtet." (Schulz von Thun, S. 118). Eine bewährte Technik, in einem Streitgespräch die Oberhand zu gewinnen, ist das Wechseln von Ebenen, zum Beispiel das Umschalten von Sach- auf Beziehungsebene. Dies mag zwar inhaltlich nicht relevant, aber effektiv zur Unterdrückung des anderen sein. Im Berufsleben werden Frauen von Männern eher mit Unterbrechungen, mangelndem Blickkontakt oder mit resonanzlosem Übergehen von Gesprächsbeiträgen behandelt. Schulz von Thun schlägt in solchen Fällen vor, sich innerlich zu wappnen, sich nicht unterbrechen zu lassen und auf sachliche Reaktionen zu bestehen. In den gesellschaftlichen Bereichen wie der Erziehung und der Politik ist die zwischenmenschliche Kommunikation vom aggressiv – entwertenden Stil stark mit geprägt. Zu oft noch werden Kinder von Eltern und Lehrern gemassregelt, ironisch kommentiert oder gedemütigt. Der Meinungsäusserung von Politikern liegt nur allzu oft eine innere Ambivalenz zugrunde, deren einer Teil abgedrängt werden muss, um eine klare Position vertreten zu können. Solches Abdrängen sowie das standhafte

Vertreten der eingenommenen Position auch gegen diesen Teil kostet Energie und gilt nach Schulz von Thun's Ansicht als Anlass für die aggressive Auseinandersetzung in Diskussionen.

3. Richtungen der Persönlichkeitsentwicklung: Sowohl die Fähigkeit, sich Respekt zu verschaffen, als auch die Fähigkeit, anderen Respekt zu erweisen bürgen wertvolles Potential in der zwischenmenschlichen Reaktion. Nur neigt der aggressiv – entwertende Stil eher zur arroganten Einschüchterung seiner Mitmenschen, der selbstlose Stil dagegen zum Anbiedern aus Schwäche. Beim ersteren verkommt die an sich tugendhafte Fähigkeit zur Kritik zur notorischen Herabsetzung, Degradierung und Belehrung des anderen. Ihm fehlt die Fähigkeit, den Wert und die Leistung seiner Mitmenschen zu sehen oder anzuerkennen. Aufschlussreich ist auch die Gegenüberstellung von Konfrontation und Selbsterforschung. Der aggressiv – entwertende Stil neigt zu diagnostizieren („So einer bist Du."), anzuklagen („Du bist schuld"), zu analysieren („Und wenn Du nicht mehr weiter weisst, wirst Du unsachlich."), kritisieren („Du versagst in den entscheidenden Momenten"), interpretieren („Du willst Dich nur drücken") und Ratschläge zu erteilen („Du sollst mehr aus Dir herausholen"). An dieser Stelle empfiehlt sich ein selbstkritischer Blick nach innen, denn all diese Kritik kann als Projektion der eigenen Schwächen auf den anderen verstanden werden. Gemäss dem Sprichwort „Willst Du ein guter Partner sein, dann schau erst in dich selbst hinein." wird der aggressiv – entwertende Stil angehalten, sowohl in sich selbst, vor allem aber in anderen, schon Vorhandenes zu würdigen und Fehlendes zu fördern, anstatt jegliches Potential, wenn mit verbalen Mitteln zu vernichten.

F.) Der sich distanzierende Stil

Erscheinungsbild: Dem sich distanzierenden Stil dürfen die Mitmenschen nicht zu nahe kommen. Er hat seine Grenzen nicht nur räumlich zum Beispiel durch sperrige Konferenzschreibtische, sondern auch seelisch sehr weit gezogen. Er scheut Berührungen und ist stets bemüht, einen sogenannten Sicherheitsabstand zu seinen Mitmenschen aufrecht zu erhalten Überwiegend spricht er aus dem „Erwachsenen – Ich", will über den Dingen stehen, indem er alles mit Verstand und Vernunft zu bewältigen sucht, denn die „Klugheit gebietet, die Sache nüchtern und ohne Emotionen von einer höheren Warte aus zu betrachten." (Schulz von Thun, S. 192)

2. Kommunikation: Besonders starke Ausprägung findet die Sachseite. „Es zählen die Fakten". Gleichzeitig wird kaum Gewicht auf die Beziehungsseite gelegt, die verkündet: „Du bist viel zu ängstlich und zu emotional". Überschreitet ein anderer jedoch seine weit gefassten Grenzen, reagiert er abweisend und aggressiv. Damit verbunden appelliert er seinem Gegenüber: „Komm' mir nicht zu nahe." Seine distanzierte Sprache ist gekennzeichnet durch zahlreiche Substantivierungen, Generalisierungen, Abstraktionen und durch die bevorzugte Verwendung des Wortes „man" statt „ich". Sein Inneres sagt ihm: „Wenn ich mich öffne und jemand ganz an mich heranlasse, begebe ich mich in grosse Gefahr. Ich könnte in eine solche Abhängigkeit geraten, dass ich jeder Verletzung preisgegeben bin und mich selbst in der Gefangenschaft der Verschmelzung verliere" (Schulz von Thun, S. 196). Demzufolge bietet die distanzierende Haltung einen Schutz vor zwischenmenschlicher Nähe. Eine behutsame, vorsichtige Kontaktaufnahme seitens des sich distanzierenden Stils kann leicht übersehen werden.

3. Richtungen der Persönlichkeitsentwicklung: Die authentische Beziehung von Mensch zu Mensch ist genauso wichtig wie die Klarheit der Beziehung, welche beim distanzierten Stil in unpersönlicher Unnahbarkeit ausartet. Eine gewisse Distanziertheit jedoch ist gerade in der Geschäftswelt, wo es darauf ankommt, über den Dingen zu stehen und unberechenbare Gefühlsausbrüche zu vermeiden, unerlässlich. Sozusagen bildet die Distanzfähigkeit eine wichtige soziale Kompetenz die zum Beispiel dem selbstlosen Stil fehlt. Weitere dialektische Zusammenhänge bestehen zwischen unbefangener Kontaktbereitschaft (→Distanzlosigkeit) und reservierter Zurückhaltung (→Kontaktscheue, Berührungsangst), zwischen innerer Unabhängigkeit (→Isolierung) und innerer Verbundenheit (→symbiotische Verschmelzung), zwischen Autonomie (→Selbstbezogenheit) und Hingabe (→Auslieferung, Abhängigkeit) sowie zwischen Eigen – Sinn (→Individualismus) und Gemeinschaftsgefühl (→selbstlose Anpassung) Der sich distanzierende Stil hat auf der Selbskundgabeebene und auf der Beziehungsebene Nachholbedarf. Er muss lernen, zum Beispiel mit Hilfe von Ich – Botschaften seinen Emotionen Ausdruck zu verleihen oder sich ihnen überhaupt erst bewusst zu werden. An dieser Stelle unterscheidet Schulz von Thun zwei Arten der Empfangsweisen. Bei der emphatischen bemüht sich ein Gesprächspartner, die subjektiven Erlebnisweisen des anderen zu erspüren und selbst nachzuempfinden, während bei der diagnostischen, eher dem Distanzierten eigen, der andere objektivierend von aussen

betrachtet und beurteilt wird. Die Annäherung zum Kontakt beim Distanzierten erfolgt selten direkt, sondern über eine „Umwegschleife" (Thomann, zitiert in Schulz von Thun, S. 227), und im Laufe der Zeit.

G.) Der mitteilungsfreudig – dramatisierende Stil

1. Erscheinungsbild: Die Selbstkundgabe des mitteilungsfreudig – dramatisierenden Stils ist entgegengesetzt dem distanzierten; er ist ausserordentlich mitteilungsfreudig und geniesst es, vo einem gebannten Publikum umringt und im Mittelpunkt des Geschehens zu sein. Seine intensive Emotionalität steht im Gegensatz zur sachlichen Intellektualität des vorherigen Stils. Er strahlt Lebendigkeit, Spontaneität und Erlebnisintensität aus. Improvisation liegt ihm mehr als Planen und Organisieren.

2. Kommunikation: Die kommunikative Grundbotschaft hat ihre stärkste Betonung auf der Selbstkundgabeebene. „Hört, hört – so bin ich." Verkündet er allen lautstark. Doch könnten mehre Aussagen dahinterstehen, wie entweder: „Ich bin völlig am Ende. Entweder Du hilfst mir sofort oder ich bin verloren." oder: „Ich bin derart aussergewöhnlich..." (Schulz von Thun, S. 230) Auf der Beziehungsebene gibt er zu verstehen, dass ihm der Gesprächspartner zum einen wichtig ist, zum anderen aber lediglich als Resonanzboden dient, also austauschbar ist. „Du bist mir wichtig als willkommenes, aber austauschbares Publikum." Die Appellbotschaft fordert: „Wende dich mir mit deiner Aufmerksamkeit zu und werde bestätigender Zeuge meiner Selbstdarstellung." Doch im Inneren herrscht das seelische Axiom vor, welches soviel verdeutlicht wie: „Ich bin unwichtig. Wie mir wirklich zumute ist, interessiert niemanden. Nur wenn ich mich geschickt oder mit starker Mitteln in den Vordergrund spiele, werde ich beachtet." Durch dieses Verhalten werden vermiedene und unerledigte Gefühle in den Hintergrund verdrängt, von wirklichen, noch unbewältigten Problemen abgelenkt und auf Nebensächlichkeiten ausgewichen. Dadurch stimmen Qualität und Intensität des Gefühlsausdrucks nicht überein. Scheinbar will er sich von inneren Konflikten entlasten, ohne dass er oder ein anderer den wahren Konflikt erfasst.

3. Richtungen der Persönlichkeitsentwicklung: Der mitteilungsfreudig – dramatisierende Stil muss lernen, dass die Qualität des Kontaktes nicht mit der Quantität des Geredeten übereinstimmt. Ihm fehlt die Fähigkeit zum besinnlichen Schweigen. Seine selbstbezogene Redseligkeit sollte sich unter Rücksichtnahme auf gesunde Mitteilungsfreudigkeit in Richtung Zurückhaltung entwickeln, ohne jedoch in

wortkarge Verschlossenheit zu enden. Durch aktives Zuhören und kontrollierter Dialogführung kann die Gefahr zur monologischen Selbstbezogenheit in der Kommunikation gebannt und die Fähigkeit zur dialogischen Partnerbezogenheit im dynamischen Gleichgewicht zur ebenfalls wertvollen Fähigkeit der Selbstkundgabe entwickelt werden. Das aktive Zuhören darf allerdings nicht als Stichwortlieferant genutzt werden, womit es seinen Zweck nicht erfüllte hätte, sondern soll zum innerlichen Vergegenwärtigung von echten Gefühlen und Reaktionen anhalten.

IV. Ergebnisse der anschliessenden Diskussion

Besonders mit Hilfe des Entwicklungsquadrates, aber auch dank der beiden anderen gedanklichen Werkzeuge, wobei in dieser Arbeit nur noch näher auf das Nachrichten – Quadrat Bezug genommen wurde, lassen sich die verschiedenen Kommunikationsstile nicht nur für die Forschung analysieren, sondern auch zum Beispiel in ihrer Auswirkung darstellen. In jedem Kommunikaitionsstil sind für das Zusammenleben der Menschen unverzichtbare Qualitäten verwirklicht, mit der gleichzeitigen Gefahr, dass diese nicht hinreichend durch die entsprechenden Gegen – Qualitäten ausbalanciert sind und damit zur Belastung werden können. Mit kundigem Verständnis ist es möglich, die wahre Bedeutung menschlicher Kommunikation zu entschlüsseln und mit Einfühlung und Abgrenzung zugleich darauf zu reagieren.

Statt dem pathogenetischen Ansatz zu folgen, also fragen, was krankhaft ist oder krank macht, bevorzugt Schulz von Thun den saldogenetischen Blickwinkel und vermittelt dabei die Fähigkeit zur angemessenen Kommunikation. Dabei ist es wichtig, hervorzuheben, dass die einzelnen Stile überspitzt in „Reinkultur" dargestellt sind, welche in dieser Ausprägung nicht in der Wirklichkeit anzutreffen sind. In jedem steckt gleichzeitig die Strömung von allen anderen (acht) Stilen, nur finden die einzelnen Komponenten unterschiedlich starken Ausdruck..

Die Regelung von Nähe und Distanz in der Beziehungsebene spielt eine zentrale Rolle in der zwischenmenschlichen Interaktion. Die häufigsten, durch aufmerksame Kommunikation zum Teil vermeidbaren, Konflikte entstehen wohl aufgrund einer Diskrepanz bei der Übertragung einer Botschaft vom „Beziehungsmund" des einen auf das „Beziehungsohr" des anderen.

Eine erfolgreiche Therapie hängt von drei Variablen ab, der Empathie (Einfühlungsvermögen), der Akzeptanz und von der Selbstkongruenz. Dabei löste die letzte Variable eine heftige Diskussion aus. Inwieweit hat der Therapeut sich selbst an die Richtlinien zu halten, die er lehrt? Ist ein Zigaretten konsumierender Psychotherapeut nicht unglaubwürdig, wenn er versucht, seinem Clienten das Rauchen abzugewöhnen? In der Realität werden Meinungen oft mit der Identität eines Menschen verbunden, weil er die Verkörperung dieser Ansicht darstellt. Anders wäre die Wirkung des Therapeuten jedoch, wenn er zum Beispiel seine Sucht überwunden hat. Doch schon in dieser Diskussion kann die Konstruktion eines Wertequadrates hilfreich sein.

Literatur

Schulz von Thun, Friedmann (1989) „Miteinander reden, Band 2, Stile, Werte und Persönlichkeitsentwicklung".Hamburg, Rowohlt Taschenbuch Verlag GmbH.